AF452194

ANDRÉ SUARÈS

NOUS ET EUX

PARIS

ÉMILE-PAUL FRÈRES, ÉDITEURS

100, RUE DU FAUBOURG-SAINT-HONORÉ, 100

PLACE BEAUVAU

—

1915

COMMENTAIRES

SUR LA

GUERRE DES BOCHES

I

Justification du tirage

N°

ANDRÉ SUARÈS

NOUS ET EUX

PARIS

ÉMILE-PAUL FRÈRES, ÉDITEURS

100, RUE DU FAUBOURG-SAINT-HONORÉ, 100

PLACE BEAUVAU

—

1915

I

SENS DE CETTE GUERRE

JAMAIS guerre n'eut tous les caractères de la sainteté, comme celle-ci.

Il y va de notre vie. Mais il y va du genre humain : parce que dans notre vie nous avons mis tout ce qui vaut la peine de vivre.

Cette guerre ne serait pas si sainte, si elle n'était si terrible.

Abnégation totale de soi, pour s'accomplir soi-même et satisfaire à sa propre loi. On se remet aux mains de son Dieu : et non pas quel qu'il puisse être ; mais parce qu'il est tout bon, tout vrai et tout juste. Le renoncement fait le lit du sacrifice, et le soldat fait son trou dans la tranchée. Et non pas qu'il dédaigne les biens de la terre, ni qu'il y dise adieu par tristesse ou par envie du repos : mais parce qu'il a le culte de cette terre, il veut la défendre; il veut qu'elle dure avec tout ce qu'elle porte, et toute la beauté que ses pères lui ont donnée au cours des siècles, avec l'homme qui l'a faite et qu'elle a fait. Il s'agit toujours, pour l'un et l'autre saint, de ne point trahir son dieu, de lui faire remise de sa propre espérance et don total de soi : de se laisser faire par lui, enfin.

La patrie souffrante est ce ciel visible, et elle seule. Elle occupe tout l'espace du

soldat, tandis qu'il veille, et que la plaine
infinie assiste à son entretien avec la mort
et le silence. Le tumulte de la bataille
est la respiration de tous les soldats ensemble, et leur cri. Puis, vient le soir et
le calme effrayant d'un sommeil que rien,
pour beaucoup, ne doit plus interrompre.

Coude à coude, ils sont tous dans le
même désert, où les pensées éternelles
ont le cours simple et fatal des grands
luminaires qui divisent le jour et la nuit.
Immense solitude, toute remplie, pour
chacun, de sa douleur! Ici, la douleur est
l'unique présence, comme dans une église
où tout un peuple a prié et où un seul
homme demeure. Chaque homme est tête
à tête avec sa peine, et par elle communie
avec toute la France.

L'heureuse et douce France vouée à la
douleur et forcée à la haine, telle est
l'œuvre des Barbares. Telle est la France
dans la guerre qu'elle mène, et où son
fils, le soldat, en se battant pour elle,
combat pour tous les hommes, et pour le
droit de tous en luttant pour son droit.

Voilà par où cette guerre est si grande.
C'est peu qu'elle s'étende à la moitié de la
terre et à presque tous les peuples qui ont
un passé, et qui compte. Le nombre des
soldats, la puissance des armes, la violence des batailles, tant de nations aux
prises, tant de ressources lancées les unes
contre les autres, les morts par millions,
et l'or par milliards, ces grandeurs de
chair ne font pas la guerre si grande
que les grandeurs spirituelles en pré-

sence. Car deux mondes s'étreignent ici, et se mesurent. Il faut que l'un des deux tombe et morde la terre. C'est la guerre de l'amour contre la haine, et de la matière contre l'esprit.

Le nombre esclave et la machine veulent avoir raison de la divine qualité. Les dieux diront s'ils doivent prévaloir sur l'âme libre.

L'Allemand est l'ennemi le plus fort et le plus atroce que peuple ait jamais eu. On a fait de lui l'automate de la destruction. Ses armées sont les légions infernales de la guerre. Il n'est plus homme que pour nuire et tuer : nuire avec calcul

et savamment tuer. Sa méthode du mal
est la perfection de toutes ses disciplines.
Il a renié la nature humaine et toutes
les lois qu'elle s'est faites, à si dure
peine et si rude effort, pour se tirer de la
brute et de la cruauté naturelle. Ainsi, il
n'a point des prêtres pour réprouver les
péchés mortels, mais pour les bénir. Ses
savants ne réparent pas les crimes; ils
les multiplient. Les maîtres de cette race
ne brident pas la bête, mais la déchaî-
nent; ils commandent les forfaits, au lieu
de les empêcher; et ils ont des juges, non
pas pour condamner les criminels, mais
pour les justifier. Toute leur morale est
entre eux seuls; pour le reste des hommes,
ils n'ont que la violence, qu'ils appellent
la force. Les docteurs sont toujours assez

près de l'enfer, et les plus pharisiens sont les plus hypocrites. Mais on n'avait encore jamais vu à l'œuvre les tigres savants et le sacré collège des crocodiles.

L'Allemand ne parle plus que pour maudire. Il ne pense que pour haïr. Tous ses gestes sont des menaces. Il n'a que le sang à la bouche. De leur dernier reptile, qui s'est nourri de notre pain, à leur dieu des armées coiffé de l'aigle, tous les mots qu'ils disent, à tout propos, en tout lieu, invoquent le massacre et la mort, entassent les cadavres et ouvrent les charniers : ce n'est que murs de fer et lacs de sang ; le poing qui brise les crânes, la hache qui taille dans la chair vivante, le glaive aigu, le pieu, le feu, la pouare sèche, et la rage qui bave. Or, ils n'ont

point honte de se peindre eux-mêmes
sous ces traits; ils en sont si fiers, au
contraire, qu'ils les prêtent à leur Dieu.
C'est un vieil ivrogne, toujours casqué,
une espèce d'ogre, avec un gant de fer à
chaque patte, et les dents du gorille lui
percent aimablement les lèvres : à ce rire
charmant, à ce discours plein d'âme, à
cette barbe enfin, le monde a reconnu
l'inoubliable Grand Père. Chaque croc du
gorille éternel est taillé en croix de fer,
parce que Dieu est Dieu, et que pas un
de ses poils n'est innocent du meurtre
universel. Il couche avec sa futaille de
femelle, laquelle, même au lit, porte une
cuirasse en guise de chemise, et le nom
fessu de Germania. Nobles attributs, douce
prérogative de la divinité selon le cœur

des théologiens allemands. Et tout le monde est théologien dans ce pays-là, car ils vivent tous de dogmes. Le dogme des dogmes, c'est que le Grand Gorille est le modèle achevé des hommes et des dieux, et que l'inoubliable Grand Père parle pour lui.

Le bouffon de Bayreuth, ce misérable Chamberlain, qui veut se faire pardonner son nom français ou latin même, et sa naissance anglaise en barbarisant plus que les Barbares, jusqu'à les faire vomir, si le Barbare avait jamais la nausée, ce chambellan de la grosse Bavaria a osé écrire : « Nous n'avons qu'un regret : c'est que partout où le conquérant allemand a mis la main sur une proie, il n'ait pas fait l'extermination complète. »

Il comprend l'Allemagne et la conquête,
celui-là.

Voilà leur guerre, et leur âme dans la
guerre, en rien différente des fourmis
noires, quand elles dévorent les fourmis
rouges. Mais les scorpions, les fourmis,
les crabes ni les tigres ne se croient pas
les suppôts de la morale ni les meilleurs
chrétiens du monde; et l'avantage des
bousiers les plus fétides, c'est du moins
qu'ils ne se vantent pas.

§

La souffrance est sans nom d'assister à
la victoire de la force méchante. C'est la
plus cruelle douleur de céder à une force
qu'on méprise. Toute la vie en est avilie.

L'amour de vivre même est atteint dans
la racine. Et dans la sève rien ne monte
plus que l'amertume de l'avilissement. Il
faut donc vaincre.

Je puis céder à ce que j'aime. Je m'ho-
nore en servant ce que j'admire : le plus
libre et plus beau service est un culte.
Mais ne fût-ce qu'un seul jour, ne fût-ce
qu'un instant, la douleur est sans bornes
de rendre les armes à ce qu'on dédaigne.
La France s'est levée, belle et pure, comme
une reine qu'on outrage, pour que la
suprème offense ne fût pas faite à l'homme
d'obéir à la force qu'il condamne et de
céder à la violence qu'il méprise.

La France porte la vie de l'espèce dans
son cœur, et le droit des nations. C'est au
cœur de la France que les Barbares visent.

Ils ne l'ont jamais connu. Dans leur bas génie, ils n'ont cessé d'avilir et d'outrager ce qu'ils n'étaient pas capables de comprendre. L'outrecuidance est la pièce centrale de leur infamie.

Mais quoi? L'orgueil du Barbare est la face parlante de sa violence. Les tigres sont orgueilleux, sans doute, de leurs griffes, quand ils souillent une divine proie, un homme qui aime et qui pense, et qu'ils le déchirent. Est-ce que par hasard le tigre vaut mieux que l'homme qu'il découd? La force méchante et la vertu humaine ne se peuvent comparer. Ce ne sont pas grandeurs du même ordre. Qu'on ne radote point de morale : il s'agit ici de bien plus, et de la fibre.

Nous élevons le sentiment du droit au-

dessus de toute la bestialité et de tous
les tigres. Pour l'idée, on en fait ce qu'on
veut. L'idée est la girouette aux vents de
l'intérêt. L'Allemagne pullule de juristes,
qui assassinent le droit et la justice, sans
compter les justes.

Nous voulons immortellement que le
droit soit la force des forces : parce qu'il
l'est dans notre cœur et que nous sommes
ainsi. Plût au ciel que le droit se fût
assuré toutes les autres forces : son seul
manque est dans cet oubli. Mais il est de
ces belles fautes qui sont la rançon des
âmes généreuses : un goût de confiance,
un excès de bonté, et l'on ne croit plus à
la méchanceté des autres. On ne se prépare trente ans à la guerre que pour la
faire. Pas un honnête homme, tendre,

juste et aumônier, qui vive dans une for-
teresse. Il n'y a qu'un assassin pour ne
sortir dans la rue que les poches pleines
de bombes et de couteaux, un pistolet à
chaque main.

§

On ne s'imagine pas à quel point cette
France de la grande guerre ressemble,
cinq cents plus tard ou plus tôt, à celle de
Jeanne d'Arc. Ce n'est pas sans raison
que la Bonne Lorraine est si vivante
parmi nous, depuis vingt ans, et qu'elle
hante les esprits. Au fond, on n'est jamais
hanté que de soi-même.

Nous faisons une guerre de vertu, de
sacrifice et d'excellence. Je dirai presque

14

une guerre de propitiation : avec tout
son amour de la vie, la France veut mériter
de vivre. Le Barbare lui fait une loi de se
montrer digne de tout ce qu'elle est et de
tout ce qu'elle a. D'âge en âge, les meilleurs hommes paient de leur sang rançon
pour tous les autres, et donnent leur vie
pour le royaume de Dieu. Mais c'est d'a-
bord pour eux. Car nul n'y entrera, s'ils
n'y entrent. Ainsi la France.

Il n'est pas question, pour la France,
de la rapine, ni de la conquête ni même
de la gloire. Nous avons passé toutes
ces étapes de la race et de l'instinct.

Il s'agit d'une propre et véritable excellence, qui est celle de la vie française.
Notre âme est en jeu, chacun de nous :
c'est elle qui combat, elle qui se défend.

Elle qui veut, et qui s'élève au-dessus même de la victoire. Car elle ne marche pas à la victoire, pour en avoir l'orgueil ni en tirer quelque avantage selon le siècle : elle ne tend qu'à son accomplissement. Et s'accomplir, au point où nous en sommes c'est être, simplement.

Notre guerre, la guerre que fait notre droit, est donc une guerre pour l'existence. Là enfin est la nécessité de vaincre. Point de doute, ou nous serions déjà perdus. Nous ne devons demander qu'à nous-mêmes ce qui est de nous et ce qui sera de nous. Qui peut répondre par l'aveu d'être vaincu, et par le soupçon de la défaite? Rien ne peut faire en nous une telle réponse : car rien ne peut l'admettre. C'est là-dessus que se fonde une victoire supérieure à tout triomphe. Pour la France, la victoire sera une simple, pure et immortelle affirmation.

De là, cette sainteté générale des camps. Ils sont dans les tranchées comme des saints dans les couvents. Ils sont avec la France, comme les saints avec Dieu : ils ont une relation directe. Il y a toutes sortes de saints. Il en est d'humbles et vulgaires, des porchers et des bouviers ; et on les prendrait pour les bêtes qu'ils soignent, tant ils sont parfois muets, et d'aspect grossier sur la litière. Mais saints ils sont, quels qu'ils soient, et plus souvent à leur insu qu'à l'insu de tout le monde : saints, parce qu'ils sont de plain-pied avec leur sacrifice, et dans un entretien tout droit avec la souveraine beauté qui le leur sollicite, et qui l'attend d'eux, n'ayant pas besoin de l'exiger. Et même, s'ils se pleurent, ils ne se refusent pas.

Ils n'ont pas prétendu à la sainteté. Ils n'étaient nullement faits pour elle : en quoi, ils sont bien plus beaux d'y atteindre. Saints, ils ne le sont point pour l'avoir voulu, mais parce qu'il le fallait.

Plus que héros : car la vertu héroïque jouit d'elle-même. Elle se sépare peu de la gloire, ou pour le moins du sentiment qu'on en a : fût-on seul à savoir qu'on l'a méritée, on la mérite. Ceux-là ont la simple vertu que le destin exige, et qu'indique le moment : mais ils l'ont toute, et se donnent entiers, simplement.

Ils aimaient la vie. Ils aimaient la paix.

Ils aimaient le plaisir : ils l'étaient. A tel
point que leur grossier et farouche ennemi
les en eut en mépris : il pensait bien les
mettre sous son talon, dès la première
alerte, et les écraser dans leurs voluptés.

Moins ils se croyaient nés pour la
guerre, plus saints ils sont d'être les
martyrs de la guerre : ils confessent leur
dieu, qui est à coup sûr l'homme français sur la terre de France. Ils sont les
témoins de notre foi : ils croient à la
force de l'homme pour rendre la vie
bonne, pour vivre selon des lois justes,
et pour créer un droit. Dans une sem-
blable cause, tous les hommes sont la
même partie. Ce qui est de la France est
de toute l'Europe. Le monde entier avec la
France, et les Allemands de l'autre côté.

Le Barbare ne peut jamais se quitter. Barbare, qui ne peut sortir de soi. La brute est barbare. Et dans le Barbare, il y a toujours la bestialité. C'est la violence du sens propre. Il y a peut-être une culture allemande : la guerre est son triomphe, selon les Allemands : elle est la science de la barbarie. Nous en voyons les effets, de Reims à Louvain et de Senlis à Ypres. Or, tous les crimes des Allemands sont justifiés à leurs yeux par la nécessité. Telle est la culture, et telle est la barbarie : pour soi et pour les autres, la malédiction de l'appétit égoïste. Il n'est de civilisation véritable qu'en fonction de l'humanité.

Dans cette épouvantable guerre contre la Bête, c'est le bonheur de la France et c'est sa gloire qu'en luttant pour sa propre vie, elle se bat pour la liberté de l'Europe et le droit des nations.

Il faut le concours des siècles et de tous les destins, une infinité de vertus, de hasards et de rencontres pour qu'un peuple ait charge d'une telle mission. Il ne se la donne jamais lui-même, en eût-il pris la plus claire conscience. Mais il la reçoit des temps, de son génie, de son cœur et de toute l'histoire.

La France mène la bataille pour le droit sous sa forme la plus directe, qui est la sainteté des contrats entre les hommes, et le droit des peuples à disposer d’eux-mêmes. Elle conduit cette lutte mortelle contre la puissance de la bête, qui prétend rendre l’humanité à la condition primitive, où la force de l’appétit règne uniquement, fait et défait tous les droits, et impose souverainement la loi de la dent et de la griffe.

Cette guerre est donc sublime et sainte dans sa cause, dans ses effets et dans la personne du peuple qui la soutient. Si la France devait être vaincue, rien ne serait plus beau que de mourir dans une telle défaite. Quelle beauté n’aura pas la victoire, pour le reste du monde ? Il sera sauvé par elle.

Mais si belle qu’elle puisse être victorieuse, la France a plus de beauté encore dans le combat. Car, y allant du genre humain, elle souffre pour lui qui est en elle, comme l'enfant menacé dans le sein qui le porte. Et la mère est sacrée, d'une double souffrance.

II

ENSEIGNES DE LA « KOULTOUR »

I

MIROIR DES MOTS

Un corps à corps sans merci, c'est la guerre.

La guerre nous force à secouer le sac de la bête, jusqu'à ce qu'il crève et dégorge son grain de sang. Il nous faut saisir l'en-

nemi à pleines mains; et ses idées aussi,
il faut qu'il nous les livre. Je lui ouvre la
bouche. Je lui arrache la langue. Je veux
voir d'où lui viennent ses mots, ceux qui
sortent de lui, et ceux qu'il mâche sans
fin, et qui ne sont pas de sa substance.
Les Allemands avalent tout et ne s'incar-
nent rien. Ils dévorent les plus beaux
fruits de l'Occident, et ne réussissent pas
à s'en nourrir. Parce qu'ils s'en mettent
jusque-là, ils n'en ont même jamais la
saveur, ni le goût, ils se saoulent avec le
vin de Champagne, et au lieu de partir
sur la charmante ivresse de cette écume,
ils la vomissent.

Ce qui est de la Cité et de la Civilisation leur reste si étranger, et nous est si
propre, qu'ils ont été contraints d'en pren-

dre tous les termes à la France, et par elle
au monde antique.

Ni la nation, ni la civilité; ni la politique, ni la morale; ni le droit, ni la
justice; ni la culture enfin, n'ont de noms
véritables en allemand. La Culture elle-
même.

En France et dans tout l'Occident, les
métaphores de la culture font allusion
à un travail intérieur, à un labour du
bien propre, qui aide au bien de tous, et
qui contribue aux moissons de tout le
peuple. Ce beau mot paysan de culture,
borné à la terre et à un champ, est l'œuvre de l'agriculteur, sa peine et sa vertu
séculaires. Il est possible qu'il tienne de
très près à l'antique *Cello*, qui marque
l'effort de s'élever. Et la culture a peut-

être paru aux plus vieux laboureurs la peine qu'ils ont prise de mener la charrue jusque sur la colline et de pousser sur la hauteur, avec leur souffle lent dans la sueur, les blés et la vigne.

De cet ahan nourricier, qui parle à toute la famille, les Barbares ont fait un instrument abstrait, un harnais militaire : ils l'ont coiffé d'un K à pointe ; et le mot voué à tous les sens de la brutalité, à toutes les parades du sergent et du cuistre, a perdu sa noblesse, son immense horizon et ses larges bienfaits.

Il est haineux. Il est sombre. Et avec sa couleur, épaisse et saoule, il est ridicule partout.

« Koultour », c'est le démon Calcabrina ou Malacoda, qui pérore et sonne

de la trompette basse (1), comme on
sait, semant le poison avec le vent. Il
fait l'orateur au Reichstag de sous terre,
et le prêche, au temple de tous les dia-
bles. Et il a le style, la vérité, la révérence
et l'éloquence que tout le monde connaît.

Comme la voix révèle le mystère des
âmes, les mots trahissent les peuples :
plus on s'en sert pour mentir, moins ils
mentent. La langue est l'infaillible témoin
des hommes qui la parlent.

§

Haine n'est pas un mot français : la
haine est un mot allemand.

---

(1) *E colla cultura avea fatto trombetta*. DANTE, Inf.,
XXI, 27.

Dans l'histoire et la légende, la France
ne donne rien à la haine. Notre art dédaigne cette noire passion. La tragédie
même l'a négligée.

Molière seul y touche : mais la haine
n'est pas le fond de Tartuffe : il ne hait
que par dépit et par intérêt. Voltaire
même, qui ricane toujours, n'est point
haineux. Il a trop d'esprit. La haine ne
s'accommode pas du divertissement. Elle
est bien l'autre pôle de l'amour : l'amour,
qui occupe toute l'âme de qui aime et
toute la vie.

Flaubert, Stendhal, Balzac, Rabelais,
les créateurs d'hommes, ne donnent
presque rien à la haine. Et les grands
peintres de caractères, qui nous ont laissé
cette foule de portraits qui font des

lettres françaises le plus beau des musées humains, Gondi, Saint-Simon, Rousseau, Sainte-Beuve, n'ont point qu'un petit nombre de haineux.

Au contraire, la haine et le ton de la haine sont partout dans les poètes allemands : Schiller, Kleist, Nietzsche, Wagner et Gœthe même, la haine, bien loin de leur être étrangère, est souvent leur ressort caché : elle trouble parfois leurs plus chaudes effusions ; et l'on dirait qu'ils ne connaissent tout l'amour que par elle. Tort plus grave : ils ne s'en défendent pas.

Dans leurs drames et leurs romans, en général si misérables, les seuls héros qui aient de la force et du poids, sont haineux. Ils ne sont vivants, ils ne sont

vrais, suprême ironie, ils ne sont bons
que dans la haine. Leur fameux Schiller,
Caliban maître d'école, devenu secrétaire
de Prospéro à Iéna, en donne les preuves
jusqu'à rire. Combien la puissance de
Faust recèle de mal et de haine, Méphis-
tophélès pourrait seul le dire : car c'est
par là qu'il le tient et qu'il l'a pris. Il ne
le perd que par un tour de Scapin, où la
dignité de la cour céleste paraît fort com-
promise : Dante n'eût certes pas permis
aux anges et aux pécheresses de faire tort
au diable de ce docteur. Il est vrai que le
paradis de Dante ne se fût pas soucié
d'un colon comme celui-là, sans cœur et
sans conscience, si intelligent et si grossier à la fois : pas une de ces saintes
ravissantes ne s'en fût éprise. Il ne suffit

pas d'avoir péché et d'être une Goton,
chez nous, pour finir en paradis.

La qualité leur manquera toujours. La
haine est encore un trait de la masse et
de la grosse espèce. Au dédain de la
haine, je reconnais une grande conscience.

§

Il ne faut pas parler des philosophes.
La haine est leur propos. C'est dans la
haine que le philosophe allemand prend
le sens de la réalité : et dans l'univers,
l'Allemagne seule est réelle.

Outre-Rhin, les érudits, si polis partout ailleurs et si bénins, sont d'une har-
gne inouïe. Leur bile est si âcre qu'elle
se répand dans leurs moindres livres :

33

les notes en sont trempées. Pour une leçon de manuscrit, ils entrent en haine, prodigieusement. Ils ont toute une artillerie d'obus latins, d'apostrophes et d'invectives. Ils écument. Leur évidence tire les crocs ; leur vérité, prise de rage, mord et bave de tous les côtés. Mommsen est un érudit. Tous les historiens sont pour moitié des érudits, et des politiques pour l'autre moitié. Et les deux demis font ce tout qu'on admire, cette noble âme, si juste, si fine, si libre de l'intérêt.

Quant aux savants, leur virulence est assurément la plus parfaite de toutes leurs cultures. Ils n'ont rien dans leurs tubes, ni bacilles, ni vibrions, qui s'égale aux venins de leur certitude. On ne peut mettre en doute qu'ils ne lient, par prin-

cipe, la force du savoir au pouvoir de faire
le mal. Ils y trouvent toujours une excuse,
leur science ne répugnant pas à être une
politique. Peut-être, sont-ils dupes de
cette affreuse corruption. Mais quoi? ils
sont fiers d'une science sans pudeur, qui
ne cherche dans les autres hommes qu'une
occasion de les mépriser et de les haïr, le
droit de les anéantir et de se glorifier au
milieu de leur désastre.

On se moque de cette atrocité ; mais
enfin les âmes sont noires. Et quand elles
sortent des bibliothèques? Les rats pes-
teux portent la peste.

C'est le fond de haine qui fait la bêtise
de tous les Allemands. Cette lie du sens
propre remonte à la surface, et trouble

l'esprit. Pour grand qu'il soit, pas un Allemand qui ne soit bête : il s'étale. On se croit en confiance avec un homme de la divine espèce : et tout d'un coup, la brute parle : elle crache, elle rote ; elle lance le poing. Bien pis : elle rit, l'incongrue.

Au total, la haine est le propre d'une force qui ne peut jamais sortir de soi ; et c'en est aussi la fatalité.

§

Il n'y a rien de si étrange que la laideur et la méchanceté des mots qui nous viennent de l'allemand.

Sale, saleté et salir, et tout ce qui s'en suit ; rober et dérober ; sac et saccager ;

36

espion et épier ; gâcher, blesser ; cracher,
escofier ; tuer enfin : voilà des mots allemands.

Le français n'en a pas retenu moins de
mille : presque tous sont cruels, bas et
méchants. Quand ils ont de la force, ils
impliquent du mépris et de la haine. La
haine vient d'eux, et le mépris vient de
nous. Mieux encore : le mot chez eux qui
décore, dégrade parmi nous ; le sire allemand est, en français, le pauvre hère, le
coquin et le va-nu-pieds. Notre rosse est
leur cheval de sang ; et leur chevalier est
notre ivrogne, le reître débridé qui menace
sans trêve et qui brise tout.

Ils nous ont saisi en gage tous les titres
et tous les grades, du sergent au général
et du soldat au césar. Mais le bélitre est

allemand de naissance, comme le chena-
pan. S'ils font prisonnière la délicatesse
de France, entre leurs mains elle tourne
à la saucisse et à la viande de cochon.

Jamais miroir ne fut si fidèle ; il n'est
pas d'autre langue, où les siècles et le
sentiment du peuple fassent un tel aveu.
La France a pris de l'allemand tout ce
qu'elle avait eu honte de penser, de faire
et de dire.

J'en pourrais noter cent mots encore,
tous atroces. Ramper et happer, heurter
et flatter, lécher et tricher ; hure et gouape,
lippe et mite ; tache et toupet ; trappe et
taudis ; rat et tique ; cochon et carcan ;
bran, babine, gifle, griffe, hache et mitraille ; bande et bandit, morve et cra-
paud ; laid, madré, morne, maraud, ma-

roufle, affreux et rogue ; horde, honte et haillon ; la morgue et l'étron, dont ils ont fait une double signature : quoi encore? Je m'arrête à cette fleur de la culture, qu'ils plantent partout où ils vont, et qu'ils laissent à leur place, orgueilleusement.

§

Les Allemands ont un mot qu'on ne peut même pas traduire en français : *Schadenfreude*, qui veut dire : la joie qu'on prend au mal d'autrui.

La France et les peuples classiques ont un mot qu'on ne peut traduire en allemand : c'est *Générosité*. Tant l'idée leur en est inconnue et contraire, qu'ils n'ont aucun terme pour la nommer. Et s'ils

veulent l'exprimer, corps et âme, il faut
qu'ils nous l'empruntent. Un tel contraste
afflige et fait la lumière.

Générosité : ce mot est déjà merveil-
leux par lui-même, dans sa forme douce
et haute, et son sens le plus simple. Mais
il est bien plus beau encore par son histoire, par toute la richesse et tous les
sens que les siècles lui impriment. Force et
goût de donner, joie d'être prodigue, de
ne rien épargner de soi, ni les biens de
la terre, ni les dons de l'âme, sans
jamais courir le risque de les épuiser : la
générosité, qui est la plus belle vertu de
l'individu, est à l'origine le propre même
de tout un peuple qui s'est mis dans ce
verbe-là, et ses frères puînés: gentil, gentillesse et gentilhomme. Sans le vouloir,

ce peuple, ici, **révèle** son secret, la beauté
de sa conscience et la grandeur de son
cœur. Si la générosité est naturellement
le propre de la maison, de la gent enfin,
c'est que la gent est toute bonne et toute
noble. Elle est généreuse, comme elle
est elle-même, et par ce qu'elle l'est.
Tout son sang est ainsi : tel il coule : il
est noble, il est chaud, il est bleu, il se
donne.

La gentillesse latine est partout de
même fil et de même espèce : les Celtes
l'épousent avec passion : ils l'adorent et la
raffinent. Dans Athènes et Paris, à Flo-
rence ou Alcala de Hénarès, elle est la
qualité naturelle de la gent. Quand la
petite fille de Senlis sourit, en lui mon-
trant la route, le prince barbare n'est

plus qu'un rustre. Il la souille ; il la tue ;
il se venge : c'est sa générosité et sa gentillesse, à lui.

L'Occident est généreux et noble ; s'il
ne l'est, il veut l'être. Pour le Français,
être de sa race c'est être de bonne race.
On est généreux, parce qu'on est soi
même, et d'ici. Quand la gent se désigne,
elle se donne les traits nobles ; et quand
elle désigne ce qui fait la noblesse, l'agré-
ment de la vie, la beauté des manières,
la courtoisie et l'élégance des mœurs, la
plus pure douceur de l'âme, elle nomme
tout ce qu'elle aime en se nommant : non
pas pour se vanter ; mais parce qu'elle ne
peut pas faire autrement ; et qu'en tout
cas, c'est ainsi qu'elle veut être. Le don
de soi n'est pas assez pour cette race

généreuse : par nature, elle fait toujours
plus qu'elle n'est tenue de faire.

Sa générosité n'est même pas la conscience de soi : c'en est l'aveu, la simple
propriété et le plaisir.

Mais « le plaisir qu'on prend au mal
d'autrui », d'où sort un pareil sentiment ?
Qui contente-t-il enfin ? Pour l'entendre,
il faut se faire une âme de vilain. Cette idée
cache-t-elle au moins la grandeur du mal
pour le mal ? Est-elle assez méchante, ou
assez du démon pour être désintéressée ?
Non : j'y vois plutôt l'éternelle vilenie de
l'appétit, le ventre qui n'est jamais satisfait
de sa part, et qui envie mortellement la
pitance d'autrui. Que sait-il de la France ?

Franc sunt mult gentil home
chantait déjà le trouvère de Roland.

II

BOCHES

Boche vaut Barbare.

Je ne les appelle pas « les Boches » par mépris. On ne méprise pas ce qu'on déteste. On ne fait pas une guerre mortelle à un objet de mépris.

La France, qui les a en horreur, leur a trouvé le nom de Boches. Comme barbare, Boche marque une espèce. Barbare est trop court, et ne va pas assez loin. La barbarie des Teutons n'est pas ordinaire:

elle est un prodige de force et de science. Huns, Vandales, ce ne sont que des injures.

Boche est un mot admirable : il peint et il modèle. Il a le volume de la tête carrée, qu'il abrège. Il en a le son ; il en a l'odeur. Par le jet et la masse, il répond à Welche : Welche est de plume, Boche est de plomb. Welche est un fol oiseau, même malade, et traînant de l'aile ; Boche est une taupe.

Boche n'est pas un mot d'argot. Quoique l'argot ait des mots uniques par la couleur, ils sont toujours un peu singuliers : ils tiennent de trop près au lieu qui les voit naître, à l'époque, au métier. L'argot des voleurs n'est pas celui des ouvriers honnêtes. L'argot sent le quartier.

Boche est un mot populaire. Il a la
force du peuple, qui l'a forgé. Il est
sorti du peuple, comme les autres mots,
pour prendre rang dans la langue uni-
verselle. Car le peuple de France parle
pour tout l'univers. Et quand il rit, tout
le monde veut rire. Le fait est que ce
terrible Boche gronde et rit.

Dans Boche, qui fut d'abord Alboche,
il y a caboche et allemand. Le Boche,
c'est l'Allemand, cette caboche. Le mot
est du dessin le plus vif et le plus hardi.
Il fait arête. Ce profil marche et parle;
il est plein de sens et d'action.

De les appeler Barbares, ce n'était pas
assez. Il fallait fixer l'image de la nou-
velle barbarie, qui elle-même a nom
Koultour. La voici : la tête carrée à

lunettes; la brute à brevets; le docteur
en meurtre, en mensonge, en outrage,
en incendie; l'outrecuidance faite homme;
la rage de détruire, au nom de Dieu;
l'âme aveugle de la race et toute la
science. Le barbare à tête d'Allemand,
c'est le Boche.

Ce mot dit l'horreur et le ridicule.
L'automate de la Koultour est une machine qui fait peur. Boche est riche
d'effroi et de raillerie. Il a le sérieux
profond et l'étonnement, que la méchanceté inspire à une nation généreuse. Elle
fait la guerre, et ruisselle de sang; mais
au milieu du deuil même, elle peut sourire. Si belle et si bonne, quand elle
nomme le Boche, la douce France venge

sa peine : elle juge de si haut son sauvage ennemi, qu'elle ne sait plus si elle en a de la haine, ou si elle se moque de lui. Boche est un nom d'ogre et de bouffon.

Il n'y a Wagner, Gœthe, Allemagne ni Wotan qui tienne : quand le Petit-Fils à l'Inoubliable Grand-Père invoque le Père Céleste et donne la croix de fer à son vieux Dieu, c'est l'entretien de César Boche avec le Grand Boche. Et tant qu'ils n'auront pas fait la paix avec les autres hommes, il n'est plus d'Allemands en Europe : il n'y a que des Boches.

III

LE COLOSSE ET LE ROI

Le nombre leur est tout. Le monde de la quantité est celui de la race. On n'a jamais haï ou méconnu la qualité comme eux. Ne sortant jamais d'eux-mêmes, ils l'ignorent. Il leur est naturel de nier tout ce qu'ils ne sont pas; et le niant ils tendent à le détruire. Ils ont pour le mal une force sans mesure, car, les uns, ils se vantent de le faire, en toute conscience, et les autres, ils ne savent pas qu'ils le font.

Vivant dans la quantité, qui est le monde de la matière, le nombre pour eux crée la force et la représente. Le nombre est une des images les plus populaires et la plus révérée de leur dieu. Pour les Allemands, le nombre est la figure sacrée de la force. Et les nombres finissent par exprimer la valeur.

Le colosse n'est la grandeur que selon la quantité. Une statue dix fois plus grosse que la Victoire de Samothrace n'est dix fois plus belle qu'à Berlin. Là, un homme qui mange trois fois plus qu'un autre, est trois fois plus homme. Toute leur politique est fondée là-dessus. Le parti socialiste en est plus sûr même que les hobereaux. Telle est l'horreur de la fourmilière.

§

La voie droite est la voie du roi. On n'est pas roi pour errer et pour trahir. On est roi pour mener droit la nation avec soi-même, et pour faire honneur à tout ce qui vaut la peine de vivre.

Le droit est la direction bonne et juste. On ne jure pas pour trahir, mais pour attester le droit. Et d'abord, le droit discerne, pèse et choisit. Pour le droit parfait, il n'y aurait que des espèces ; et la perfection du droit serait de faire justice à toutes et à chacune.

Dès le temps le plus lointain, en allemand, le roi c'est celui qui a la force. En français, c'est celui qui fait le droit.

L'un frappe et l'autre juge. Celui-là
menace, et celui-ci comprend. L'Allemand invoque le poing ganté de fer; et
le Français, la raison. Quel abîme entre
l'homme et le barbare ! Or, voici la loi
la plus dure : la force seule vient à bout
de la force. C'est par la force que la raison doit réduire la barbarie à l'obéissance. Il faut donc, non pas que la raison
se désarme de la force, mais qu'elle
s'arme de toute la puissance pour réduire
la force à la raison. Tout le reste est
mensonge.

Comme les Allemands ne sortent pas
d'eux-mêmes, ils ne comparent point :
ils ne sentent rien de ce qu'ils savent, et
ne comprennent rien de ce qu'ils appren-

nent. En tout, ils multiplient les pro-
portions ; et la masse les contente. Leurs
petits yeux sont chassieux d'amour-
propre, et le sens de la race les aveugle.
C'est pourquoi ils sont sans mesure, et
n'ayant pas de mesure, ils n'ont point de
style. Ils sont énormes, faute de mieux.
L'énorme leur semble le triomphe même
de la vertu. A Paris et dans Athènes,
l'énorme est odieux ou ridicule.

Ils perdent tout dans l'énormité. Et la
mesure consiste à tout tirer de l'énormité. Paros est un bloc de marbre
énorme : il en fallait tirer le Parthénon.
Ils n'ont pas de style parce qu'ils n'en
ont jamais compris la condition.

La grandeur leur est donc interdite.
Faute de style, leur force, qui n'est pas

sans effet, n'atteint pourtant pas au chef-d'œuvre. Ils ont déchaîné le déluge ; et parce qu'ils n'ont pas de style, la plus terrible tragédie de l'histoire serait sans grandeur, s'il ne tenait qu'à eux. La matière ne suffit pas.

Le plus affreux péché de l'Allemagne, c'est la laideur.

III

NOUS ET EUX

TANT qu'il se sent une race, chaque peuple se croit une mission, et il refuse aux autres le droit d'en avoir une.

Tout grand peuple se tient l'élu de Dieu; et comme son dieu est le seul, il est le seul élu. A quoi Dieu ne sert-il pas? Si les derniers Grecs se passent de lui, c'est sans doute par égard à la beauté divine. Les Israélites ont vécu et sont morts pour leur dieu, avec aveuglement : ils n'ont pas même vu qu'en donnant au monde un Dieu nouveau et réellement unique, il leur fallait le servir ou disparaître. C'est le plus rare exemple de la possession : car un grand peuple est possédé du dieu qu'il possède.

Les Philistins, qui avaient de si belles danses, et les gens de Chanaan de si bon raisin, pense-t-on qu'ils ne fussent pas sûrs d'avoir aussi leurs dieux? Mais ils ont été vaincus, et leurs Bâals avec eux : et quels droits ils eurent à être, on ne le sait même plus. A la seule idée de ce droit, Berlin éclate du rire léger, si fin et si maigre, qu'ils ont là-bas : les bons docteurs en morale, surtout, sans pareils pour la franche gaîté. Qui n'a pas vu leur bon père Harnack, théologien, et leur digne docteur Ostwald, chimiste, boire du champagne dans une botte, sur les ruines de Louvain, et parmi les râles des enfants mutilés, ignore jusqu'où peut aller le confort d'une bonne conscience. — Encore un coup, digne Harnack? — Encore un, digne professeur! — *Gott mit uns!* — *Ach, wie gut!*

Pour les Allemands, ils sont la race bénie entre toutes les races, seule pure, seule juste, seule race enfin : ils le savent, et ils l'annoncent publiquement. Au nom de leur dieu, ils exigent l'empire. Ils réclament l'Europe, et ils s'adjugent le monde. Est à eux tout ce qu'ils peuvent prendre : la propriété ni le

droit n'ont pas d'autres fondements. Il
se peut. Mais cet évangile est nouveau
dans la bouche des prêtres : à ces noirs
bouffons, Ostwald, Eucken et Lasson,
nous voyons bien qu'ils servent une
idole. Mais quoi? leur seul droit à l'empire est justement qu'ils croient le tenir
de Dieu.

La beauté de la France est sa bonté
même : elle n'a plus besoin de croire à
son élection ni de s'en vanter : elle est
elle-même sa propre charité ; et sa vie
est sa propre vocation. De tout temps, la
France a vécu, a lutté et a dû vaincre
pour son Dieu : et c'est assez, dans la
douleur, que ce soit pour vivre! En vérité,
cette idée est d'une merveilleuse consola-
tion. Le peuple ne l'a peut-être pas: il la

vit, il la porte. Sa force à tout souffrir
vient de là.

Rien ne me frappe plus que le destin
de la France : ses grandes guerres et ses
victoires sont toutes à se défendre. La
Douce France ne se lève, d'un seul bond,
et tous ses enfants ensemble, que pour
couvrir sa terre et ses foyers, ses trois
mers et ses cathédrales, et tout son ventre
maternel contre le flot barbare. Cette belle
guerrière n'aime que la paix. Son combat
est contre les Huns dans tous les siècles :
que parle-t-on de gloire ? Il y va de la
vie et de la mort. La France est toute nue
dans ses dangers : sa nudité étonne les
autres peuples, faits au masque : et ces
chiens de neutres ne la reconnaissent

plus. Alors ses amis l'admirent, voyant
ce qu'elle cache : ils comprennent alors
ce destin et cette simplicité divine :
défendre tout ce qui vaut la peine de
vivre, en défendant sa vie, y a-t-il
rien de plus simple ? Est-ce la faute
de la France d'être placée à la proue
de l'Europe, ou est-ce son génie ? Elle
est le terme milliaire du soleil, le lieu
choisi où la lumière se réalise, où l'astre
descend sur la terre et se prépare un
lit. Elle est donc le tombeau du Barbare et de toutes ses convoitises. Elle
n'a pas le choix : marche suprême de
l'Occident, c'est toujours contre les
Barbares qu'elle se dresse en armes, et
qu'elle prend le parti du sacrifice.
Ainsi, dans toutes ses guerres essen-

tielles, la France fait barrière à la
barbarie.

La fatalité des Allemands est de ne se
sentir bien chez eux que chez les autres.
Ils ne sont pas chez eux en Europe :
quelque jour, on saura pourquoi. En tout
cas leur puissance n'est pas un concert
de parties séparées, qui se cherchent et
s'assemblent : leur empire ne se fait
qu'aux dépens d'autrui, et ne veut point
de frontières que dans la mouvance de
ses intérêts. Cette politique règne sur
toutes les routes sans police. La Prusse
est l'Ali Baba entre les nations. Comme
il y faut un peu de mystère, la caverne
se retranche derrière un rempart de théo-
logie. Dans l'église de la nécessité, on

rend un culte à l'appétit. La guerre des
Allemands, famine ou gloutonnerie, est
un élan du besoin : ils se ruent à la
conquête, ils volent à l'invasion. Le besoin
fait le droit : il n'en est pas de plus sacré
à leurs yeux.

Ils sont dans la vérité de la nature, et
ne sont pas encore dans la vérité humaine.
Le destin de l'homme est d'ajouter à la
nature le cœur humain, Dieu si l'on
veut.

Rien ne les sépare de ce qu'ils con-
voitent, que la force de le prendre. Et ils
cherchent ce qui les fait haïr ! Il n'y a
point de société véritable avec eux. Je leur
sais gré d'avoir révélé l'étrange imposture
de la morale, et **que** la raison est une
servante à tout faire : ils ne manquent

jamais de prêtres et de philosophes, pour
justifier le besoin et tous les crimes du
besoin : quand elle est la plus forte, la
violence est le plus fort des droits. Leur
Frédéric, ce roi des singes, le leur prê-
chait avec malice : Je nourris une aca-
démie de philosophes et de juristes, pour
me justifier des crimes que j'ai commis;
mais il faut des crimes heureux, des forfaits sans appel. La force du criminel est
son innocence. Et sa faiblesse est le péché
de l'innocent.

⁂

Une race ne pense pas ni ne sent
comme un peuple. Il y a dans la race un
élément fatal qui ressemble à l'instinct.

Pour se haïr ou pour s'accorder, les peuples n'ont pas les moyens ni les raisons que les races trouvent sans effort, et qu'elles se donnent. Tout de même, il n'y a qu'une race pour bien s'entendre avec une autre race, ou s'en bien diviser.

Les Allemands et les Pharisiens coïncident en une foule de sentiments. Ils sont armés de la Bible comme d'un marteau. Ils ont charge de renouveler le monde ; et seuls, ils en sont dignes. Le reste des hommes n'est que du bétail, Philistins et Amalécites, la tourbe de Chanaan. Il n'est plus question, je pense, de poil brun et de poil blond. D'ailleurs, le poil roux fait la paix entre les hommes, si un seul cheveu les sépare. Quant au crâne long, gloire de Gobineau, les têtes

carrées peuvent-elles s'en flatter aussi
souvent que les Israélites?

Le peuple allemand se prend pour le
Messie. Il est très familier avec Dieu le
Père. Dans les familles grossières, la fa-
miliarité est d'un extrême mauvais goût.
(Gœthe lui même ne sait pas ce que c'est
que le goût). Les Allemands sont les élus
de Dieu: le peuple de l'Ancien Testa-
ment revit en eux, avec sa superbe
et ses menaces. Leur Jéhovah, c'est la
science. Bismarck est leur Moïse; les
généraux prussiens forment la sainte
tribu des sacrificateurs; et les professeurs,
enseigneurs, docteurs de toutes leçons,
maîtres de toute robe, sont leurs
lévites. Voici venir le potager pensant de
Tubingue et d'Iéna, les cent mille bons

pères Ostwald, Harnack, Quatre cent vingt
et Purgon.

Entre les Pharisiens et les Allemands,
l'accord semble prodigieux. Ils sont faits
pour s'entendre. Ce n'est pas sans raison
que le peuple de France confond un peu
le Juif et l'Allemand. La pensée de Marx,
fils d'un Allemand et d'une Juive, donne
toute sa virulence à l'ambition germanique.
Le monde socialiste doit être un monde
allemand : cette heureuse et inflexible
fourmilière, que serait-elle, si le ciel
n'avait pas voulu qu'elle fût allemande?
La foi socialiste est une idée juive mise
en action par les Allemands.

Les Juifs ont des idées universelles,
qui tombent en poussière d'intérêts par-
ticuliers. Les Allemands y portent ce qui

leur manque : la force et l'organe infaillible de l'État.

Les Allemands sont bien injustes pour
leurs Juifs. Par manie d'orgueil féodal, ils
refusent de reconnaître tout ce qu'ils
doivent à la race de la Bible, qui abdique
entre leurs mains le privilège de son élection. Si peu justes, qu'ils contestent à
Henri Heine du génie dans leur langue :
c'est sans doute parce qu'il a de l'esprit :
à ce signe, on voit bien qu'un homme
ne mérite plus la qualité d'Allemand.

L'Allemagne est un polypier de soldats. La caserne est sa forme, et moins
celle-là, elle n'en a aucune. Rien n'est
plus invétéré que l'anarchie allemande :
si l'on soustrait les Allemands à l'Em-

pire, et si on les prive de l'État, on les rend d'un seul coup à leur violence naturelle et à leurs disputes. L'État est leur recours contre l'anarchie; et l'Empire, la cuirasse de l'État.

L'anarchie allemande procède par groupes et par castes. Les Allemands ne sont jamais des individus : qui connaît un officier, en connaît mille; qui voit un soldat, en a vu un million. Il n'est que deux femmes dans ce royaume de soldat : une maigre et l'autre grasse. Le petit Joseph l'avait déjà prédit au Pharaon.

Moins ils sont des individus, un à un, plus les Allemands tendent à former des clans et des unions. La classe atteint parfois à la qualité individuelle. Pour prendre une image militaire, c'est dans

le grade que l'individualité réside.
Chaque Allemand n'est qu'un soldat, un
chiffre et non un homme. Mais le régi-
ment est un individu, une scolopendre
redoutable même pour le millepattes, son
voisin le plus proche.

Le mot: soldat, qui n'est pas allemand
semble avoir été fait pour eux. De tout
temps, ils ont été à la solde, corps et
âme, d'une force qui commande : que ce
soit au service d'une couronne ou de la
race, d'un prince ou d'un besoin, les
fourmilières de la Germanie s'ébranlent :
elles marchent à l'assaut de la terre
désirée; elles cherchent le soleil. Tant de
têtes, tant de soldats ; et toujours l'in
vasion !

La France, si guerrière, est un peuple
à héros, une grande aire à chevaliers;
mais point du tout une ruche à soldats.

Pour faire un soldat, il faut que chaque
homme de France force un peu sa
nature. De là, que la discipline en France
n'est pas fondée sur la contrainte ni
l'instinct, mais sur un don de soi.

En France, les plus beaux et les plus
nobles officiers se donnent à leurs hommes, comme chaque homme se donne au
devoir du soldat, que l'officier lui rend
visible.

La discipline des Allemands a des
principes tout contraires. Elle repose sur
l'obéissance absolue d'une multitude aux
ordres absolus de quelques-uns. La foule
obéit à une caste qui commande. Moins

le soldat comprend, et mieux il est
soldat. La soumission des uns n'est pas
plus en question, quoi qu'il arrive, que
le droit des autres à commander. Entre
les deux, il n'y a point de don ni de
consentement réciproque : loin de là,
parmi les Allemands, la discipline n'est
jamais plus forte, que si la distinction
est absolue entre ceux qui commandent
et ceux qui obéissent. La crainte, au prix
même de la haine! Cette devise est la
règle de la fourmilière à soldats. Or
l'Allemagne, polypier à soldats, rêve
d'étendre à tous les peuples de l'Europe la discipline qui lui est propre, et
qui semble, au total, avoir de bons
effets pour elle. Fonder un empire
sur la haine? Vos chimistes, Germa-

nia, ne connaissent pas l'homme : ils
n'ont accoutumé de parler qu'à des
cornues.

§

On ne force pas le respect de la France,
ni sa docilité.

Elle ne fait rien que par amour. Elle
est une personne. C'est le choix, c'est la
conscience de soi et des autres qui sont
toute la personne. C'est l'esprit.

Où il y a plus de conscience, il y a plus
d'humanité. Quels horizons pour la douleur ! Les mêmes, Douce France, que pour
la beauté et pour le sacrifice : les mêmes
que pour l'amour.

Sous les couleurs de l'anarchie, l'ordre

72

de la France est prodigieux. C'est que le
cœur et la raison y tiennent un équilibre
qui est un défi à la politique des autres
peuples. Ils n'y entendent rien, même
aujourd'hui. Ils ne sont pas des personnes, comme la France : leur volonté est
toujours égoïste. Ils n'ont pas reçu le don
terrible et généreux d'être pour tous à la
mesure où ils sont pour eux-mêmes.

Ce qui se fait ici se fait pour tout le
monde. C'est un présent de la terre et du
ciel. Le ciel le veut et la terre y consent.
La belle gorge est ouverte, et toute en
sang : le sein de Champagne est déchiré,
et la blonde épaule des Flandres est rouge
de sillons : la terre souffre, mais elle s'y
prête. Le blé de tous ces jeunes hommes
va lever : du pain pour bien des siècles.

Cette faveur est faite à la France, sublime et cruelle, si dangereuse aussi. Il vaut souvent mieux que les maîtres de la France ignorent sa mission. La nation n'en est que plus belle. Comme une noble femme fait ce qu'elle doit faire, sans en rien dire, telle donc elle respire, telle aussi elle se dévoue.

Un peuple ne vit pas pour le genre humain. Il ne se dit pas qu'il fait les affaires de la planète ; il s'occupe honnêtement des siennes. Mais il se trouve qu'il travaille d'autant mieux pour le monde, qu'il travaille mieux pour lui-même : ayant ce privilège sans pareil, il faut bien qu'il l'accepte.

La France est une personne pleine de

grâce, d'honneur et d'amour. Capable de
tous les sacrifices, elle ne peut plus l'être
de tous les crimes.

On n'obtient rien d'elle par contrainte ; et elle ne prétend pas tout obte-
nir d'autrui par la violence. Elle est
au-dessus de la menace, étant au-
dessus de la crainte. Le Barbare ne l'a
pas su.

Comme elle aime, elle veut être aimée.
Voilà ce qui s'appelle une personne, et la
conscience.

Les grâces ne vont pas sans l'esprit.
Athènes et la France, uniques par la
grâce, sont les personnes les plus spirituelles de la terre. Le signe de l'esprit
est le dédain de l'excès.

Ainsi la France se donne l'air de mar-
cher à la mort d'un pas léger. Dans son
chant de guerre, il y a plus d'ardeur que
de menace. Elle vole à son destin, et
refuse l'accompagnement d'une marche
funèbre.

La grâce veut qu'elle sourie. Et son
sourire n'est jamais plus beau qu'à
l'instant où elle se laisse prendre un
baiser d'un sérieux mortel, si ce n'est
quand elle le rend, et quand sa passion
le cherche.

Entre cette France si libre et les Allemands furieux, qui se font hâcher par
myriades, liés entre eux par la haine et
un courage infernal, cousus à leur canons
et à la mitraille par une volonté terrible
de destruction, entre la France et la Bar-

barie, ce n'est pas un fleuve qui fait la
séparation ; mais bien plus que le Rhin,
il y a tout l'abîme qui s'espace entre la
conscience et l'instinct.

LA PLAINTE DE REIMS

LA PLAINTE DE REIMS

I

ELLE *était trop belle : c'est ce qui l'a perdue.*

Quand on n'est pas digne de l'aimer, la beauté est ce qu'on hait le plus.

Notre Dame de Reims était la Reine de France, dans la fleur de sa majesté et sa candeur première. Elle avait la grandeur, le sourire et la pureté. Elle était plus parfaite qu'une autre ; du moins le semblait-elle : parce qu'elle était heureuse. Elle avait la lumière délicieuse de la félicité. Elle était une source de joie, étant le miracle le plus rare parmi la dure vie des hommes : la beauté qui mérite son bonheur, et qui a tout le bonheur mérité.

II

La royauté était en elle.

Quand on l'aimait plus tendrement, on pensait d'elle : Votre Douceur porte la couronne.

Et : Votre Majesté est ceinte de bienveillance souveraine, *quand on l'admirait avec plus de respect.*

III

Reims était notre Parthénon.

Le sourire de Reims, il fallait être de France pour en goûter la divine et ravissante ivresse. Le sourire de Reims, il fallait être de France pour en prendre la musique. Les rayons du soleil sur la plaine, la tristesse et la joie des horizons, non moins que la forêt, la mer et toutes les grandes orgues de la terre, ont un chant que l'oreille commune ne perçoit pas. O peuple de Reims, assemblée des reines et des rois, des saints, des chevaliers, des fleurs, des herbes et des jeunes filles, votre sourire et votre suave gravité faisaient une musique exquise, que toute âme française a surprise, et dont elle s'est enchantée.

Les Barbares sourds ont massacré le triple
chœur des porches et des tours. Ils ont bien
fait voir qu'ils ne sont pas de France et n'en
seront jamais. A mesure qu'ils foulent cette
terre sacrée, elle en a le frisson qui préfère
la mort à la souillure, et les rejet . Car une
vie merveilleuse l'agite, et son frémissement
fait cicatrice à toutes ses blessures.

IV

C'était le Parthénon de l'Occident, mais
plus sensible que l'autre et bien plus près de
nous.

Que ces corps étaient donc pleins d'âme !
Ils volaient. Ils venaient du Paradis, ou ils
y allaient. L'amour et la douceur de France
gonflaient leurs voiles : ô les belles nefs de

vie humaine ! Il a fallu la méchanceté des démons, et leur affreuse ignorance, pour les jeter sur un océan de feu et les tremper dans l'incendie. Mais l'enfer n'est pas pour elles ni pour leurs larmes.

Les six cents statues de Reims étaient plus belles que la Grèce : elles parlaient à notre cœur. Chartres exceptée, jamais la sculpture n'a été aussi haut. La flore des chapiteaux, adorable merveille de l'amour pour le sol natal, voulait chanter la nature et la terre de France pour tous les siècles. Ne pouvant voler la France à elle-même, c'est son poème et son visage que les Barbares ont défiguré, et qu'ils ont voulu effacer sous le ciel.

Ils croient que la puissance a la destruction pour premier signe. Et ils s'en font un droit. Les malheureux ! Ils se flattent de régner sur tout l'univers, et ils n'ont pas la moindre idée du véritable règne.

La puissance est toujours ascétique. Elle consiste toujours à se vaincre, même sur le champ de bataille, même dans la victoire. Ce qui détruit est à jamais indigne de ce qui fut édifié. L'œuvre de beauté, il faut mourir pour elle : qui vit pour la détruire est marqué d'indignité. Tous les canons de la terre n'y changeront rien. Contre Notre Dame, les plus lourds obusiers sont les plus vils et les plus grossiers. La vraie grandeur tient en éternel mépris la brutalité et la violence. Qui fait la guerre aux œuvres immortelles de l'esprit sera toujours vaincu, et vaincu par sa propre barbarie. La vraie force n'en doute pas. S'agit-il des requins, des gorilles ou des

hommes ? La force n'est pas de l'homme, tant
qu'il y a de la brutalité dans la force : parce
que dans la brutalité, la brute est toujours là.

V

Les Allemands nient tout ce qui les gêne.
Brutalité de l'esprit, et non moins brute que
l'autre.

Ils croient qu'un seul de leurs soldats vaut
mieux que toutes les cathédrales. Qui nous
empêche de répondre : « Un seul des nôtres
est plus précieux que tous vos soldats. Et
pourtant, c'est à Notre Dame que nous im-
molons nos soldats et qu'ils s'immolent. »

Comme si ce n'était pas pour Reims et
Notre Dame que ces pauvres enfants acceptent
de mourir !

*Nous ne combattons pas pour un sol nu,
mais pour un sol sanctifié.*

*Et même si nous pouvons mourir pour
notre terre, toute nue dans le suaire d'atten-
tats que vous lui avez tissé, c'est parce qu'elle
est cent et cent fois sanctifiée par tout l'amour,
toute la douleur, toute la peine et toute la
beauté que lui ont donnés cent générations
d'hommes qui furent nos pères. La matière
vous étouffe, ô Allemands !*

VI

*Il y a deux mille ans que les Allemands
aspirent à faire partie de l'Occident. Il y en
a cinquante qu'ils prétendent y régner en
maîtres. Ils n'en ont jamais été jugés dignes.
Ils peuvent brûler la maison et la ruiner de*

fond en comble : ils n'en passeront pas le
seuil. Ils viennent de s'en exclure pour des
siècles.

Reims était le lieu saint de l'Occident.
Notre cathédrale n'est pas seulement de meu-
lières et de moellons. Notre maison est en
esprit.

Il ne fallait pas chercher à tuer Notre
Dame. Allemands, vous deviez garder vos
obus pour vos professeurs, vos gares, vos bras-
series et vos doctrines.

Reims, les bras levés, brûlés jusqu'aux
épaules, vous barre la route. C'est à Reims
que la France avait mis sa plus pure majesté, sur un socle de prières, de beauté et de
libre génie. A présent que vous l'avez outragée, cette majesté est invincible.

Les Barbares n'ont ni respect ni considération d'une beauté qui leur est étrangère. Ils l'ignorent, puisqu'ils la détruisent. Ils ne sauraient entrer dans ce divin domaine : et c'est sa vengeance, à elle, la très noble et la très belle.

VII

La haine éteint toute conscience dans ceux qui haïssent ; et rien ne demeure en eux que l'affreux bonheur de nuire. Les armées de l'Allemagne sont les armées de la haine. Le crime de Reims est un crime de la haine. L'Allemagne est l'empire de la haine. L'esprit du mal les possède et ils ne savent plus que haïr.

La science sans cœur, l'orgueil malade qui se nourrit de mépriser les autres, la menace perpétuelle du poing et du fer, l'outrecuidante certitude d'avoir toujours raison, l'aveuglement sur soi-même, la justification de toutes les violences par l'intérêt des violents, voilà les obus de Reims, voilà ce qui est du démon comme le peuple appelle tout ce qui vient de la haine. On ne conquiert pas ce que l'on tue. On ne gagne pas le cœur qu'on assassine. Encore moins, quand on manque son coup, qu'on blesse sans tuer et qu'on meurtrit une grandeur victorieuse. Allemands, qui l'avez outragée, craignez dans la France silencieuse et peut-être invincible, craignez celle qui fut un jour votre victime : elle ne peut plus vous pardonner.

LE CRIME DE REIMS EST LE CRIME D'UNE RACE.

TABLE

IMPRIMERIE CHAIX, RUE BERGÈRE, 20, PARIS. — 4851-6-15.

D'ANDRÉ SUARÈS

Paru :

ITALIE, ITALIE !

Une brochure in-18 . . . . Prix : **1** franc.

à Paraître :

COMMENTAIRES :

II. — LA NATION CONTRE LA RACE.

III. — C'EST LA GUERRE.